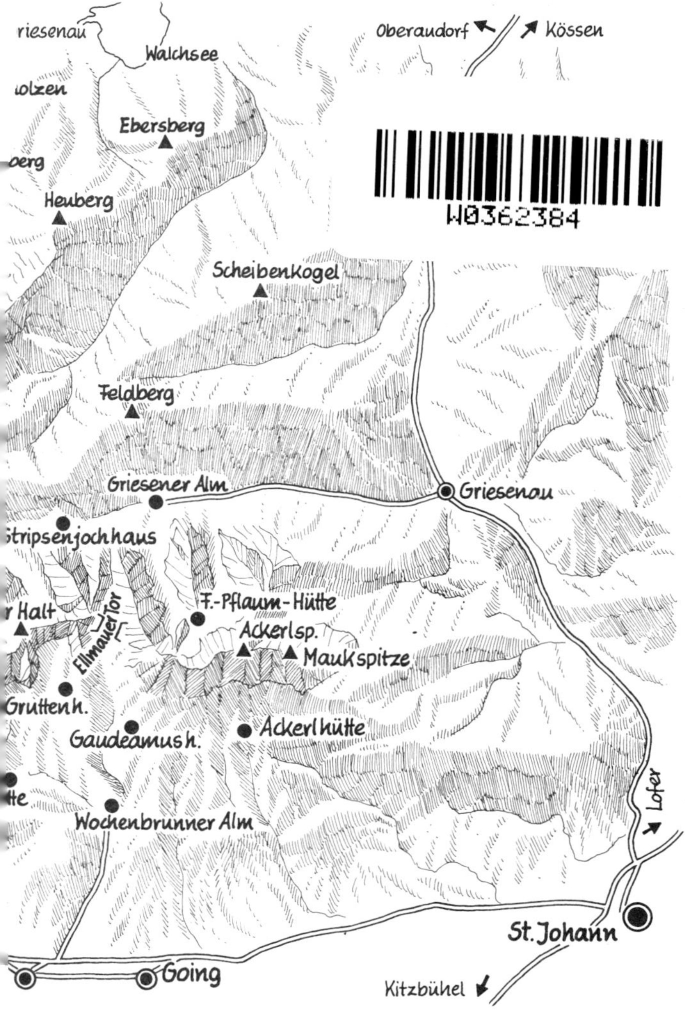

riesenau
Walchsee
Oberaudorf
Kössen
olzen
Ebersberg
oerg
Heuberg
Scheibenkogel
Feldberg
Griesener Alm
Griesenau
Stripsenjochhaus
r Halt
Ellmauer Tor
F.-Pflaum-Hütte
Ackerlsp.
Maukspitze
Gruttenh.
Gaudeamush.
Ackerlhütte
tte
Wochenbrunner Alm
Lofer
St. Johann
Going
Kitzbühel

KAISERGEBIRGE

Alpenvereinsführer

Ein Taschenbuch in Einzelbänden
für Hochalpenwanderer, Bergsteiger und Kletterer
zu den Gebirgsgruppen der

Ostalpen

Herausgegeben vom
Deutschen Alpenverein,
vom Österreichischen Alpenverein
und vom Alpenverein Südtirol

Band

Kaisergebirge

Reihe: Nördliche Kalkalpen

PIT SCHUBERT / WOLFGANG ZEIS

Kaisergebirge

Ein Führer für Täler, Hütten und Berge
Mit 87 Anstiegsbildern, 122 Routenskizzen
und einem Beitrag über die Entwicklung des Sportkletterns
von Wolfgang Müller

Verfaßt nach den Richtlinien der UIAA

BERGVERLAG RUDOLF ROTHER GMBH · MÜNCHEN

Umschlagbild: Helmut Mägdefrau

Foto: Christaturm, SO-Kante

Bildnachweis (Seitenzahlen):

E. Baumann 233; H. Dumler 191, 212; W. End 181, 205, 297, 327, 436; W. Fischer 174; E. Grießl 494; G. Haider 67, 73; M. Haßlauer 75; Hauck/Mauritius 140; H. Höfler 507; R. Karl 316; M. Landes 481; W. Lang 487; Löbl-Schreyer 165; L. Loidl 79; E. Mahner 142, 148, 442, 447, 503; U. Pohlke 335, 347; W. Rauschel 375; R. Rother 135; H. Schmied 6, 231, 357, 385; F. Schmitt 95, 113, 469; P. Schubert 187, 208, 263, 288, 293, 315, 365, 369, 406, 415, 429, 455, 491; R. Stumhofer 323; F. Thorbecke 101, 307; J. Vogt 212; J. Winkler 209, 244, 265, 273, 343, 379, 461, 462; W. Zeis 133, 137, 177, 179, 183, 189, 197, 217, 225, 237, 261, 305, 392, 403, 406, 408, 413, 419, 472, 499, 512, 515.

Die Ausarbeitung aller in diesem Führer beschriebenen Anstiege und Routen erfolgte nach bestem Wissen und Gewissen der Autoren. — Die Benützung dieses Führers geschieht auf eigenes Risiko. — Soweit gesetzlich zulässig, wird eine Haftung für etwaige Unfälle und Schäden jeder Art aus keinem Rechtsgrund übernommen.

Die Vorschriften der UIAA zur Erstellung von Kletterführern beziehen sich nur auf die Gliederung der Routenbeschreibungen und auf die Erstellung der sogenannten Beschreibungsköpfe, die die wichtigsten Angaben zu den Kletterführern, der Routenbeschreibung vorangestellt, beinhalten.

Bergverlag Rudolf Rother GmbH, München

11., vollständig neu bearbeitete Auflage 1990
ISBN 3-7633-1257-9
Gesamtherstellung Rother Druck GmbH, München
(2214/8229)

Geleitwort für den Alpenvereinsführer Kaisergebirge

Die 10. Auflage 1978 des Alpenvereinsführers „Kaisergebirge" war der erste AV-Führer, der nach den UIAA-Richtlinien verfaßt worden ist. Nun liegt die 11. Auflage vor, die der während des vergangenen Jahrzehnts rasanten Entwicklung des Freikletterns und der dadurch bedingten Eröffnung zahlreicher neuer und schwieriger Routen im Wilden Kaiser Rechnung trägt.
Pit Schubert und Wolfgang Zeis, schon für die vorangegangene Auflage das Autorenteam, haben sich erneut der mühevollen Aufgabe einer Alpenvereinsführerbearbeitung unterzogen. Dafür sei ihnen von seiten der Alpenvereine herzlich gedankt.
Das AV-Führerwerk ist zwischenzeitlich auf 52 Bände angewachsen. Es trägt dem immer noch steigenden Bedürfnis und der großen Nachfrage nach abgeschlossenen Führern für jede einzelne Gebirgsgruppe der Ostalpen Rechnung und wird weiter vervollständigt und ergänzt. Damit entsteht ein Werk, das einen zuverlässigen Ratgeber für alle Bergsteiger und Bergwanderer diesseits und jenseits der Grenzen darstellt.

Winter 1989/90

Für den Deutschen Alpenverein
Gerhard Friedl
Vorsitzender des Verwaltungsausschusses

Für den Österreichischen Alpenverein
Dr. Hansjörg Jäger
Vorsitzender des Verwaltungsausschusses

Für den Alpenverein Südtirol
Dr. Gert Mayer
Erster Vorsitzender

Ein Kletterer im oberen Teil der Fleischbank-Südostverschneidung, wenige Meter über dem Grasband. Hier wurden bei der Erstbegehung am 1./2. Juli 1944 durch P. Moser und W. Weiß die ersten zwei Bohrhaken im Kaiser gesetzt — lange vor der Bohrhaken Ende der 50er Jahre von den sächsischen Kletterern Alpen eingeführt wurde. *Foto:*

Vorwort zur 11. Auflage

Im Kaiser wurde 1977 mit den „Pumprissen“ am Fleischbankpfeiler der VII. Schwierigkeitsgrad in den Alpen eingeführt. Seitdem und seit der letzten Auflage des Kaiserführers sind über zehn Jahre vergangen. Der IX. Grad ist im Kaiser erreicht und eine Vielzahl von Sportkletterrouten ist inzwischen eröffnet worden. Die Wandflucht der Fleischbank-Ostwand wird von einem Spinnennetz von Routen bedeckt. Nahezu hundert Neutouren und lohnende Varianten sind im Kaiser hinzugekommen.

Diese Entwicklung, wie sie in vielen Teilen der Alpen festzustellen ist, führt bei den Alpenvereinsführern zu Problemen. Eine Überarbeitung der Richtlinien war notwendig geworden. Sie ist noch nicht abgeschlossen. Zuviele Aspekte müssen vorausschauend berücksichtigt werden. In einem Punkt konnten die Richtlinien schon definitiv geändert werden: Ist eine Routenskizze vorhanden, kann auf eine seillängenweise Beschreibung des Routenverlaufs verzichtet werden. — Dies spart viele Seiten, sodaß die Neuauflage trotz der vielen hinzugekommenen Sportkletterrouten nicht wesentlich umfangreicher geworden ist als die letzte.

Neben der klassischen Bewertung wurde die Rotpunkt-Bewertung mit dem Hinweis, von wem und wann erstmals rotpunkt geklettert, aufgenommen. Lange Diskussionen führten zur Erkenntnis, daß auf die klassische Bewertung nicht verzichtet werden sollte, da doch eine Vielzahl von Kletterern hier und da einmal einen Haken zur Fortbewegung benutzt. Auch ihnen soll die Schwierigkeitsbewertung Auskunft geben. In allen klassischen Routen wie in den Dülferführen an der Fleischbank und am Totenkirchl, wie in der Wiessner/Rossi-Führe und anderen hat die Zahl der Zwischenhaken abgenommen. Überwiegend werden nur noch Klemmkeile und Klemmgeräte mitgeführt. Wird ein Haken durch Sturz oder bei Verwendung zur Fortbewegung herausgerissen, wird er heute kaum mehr ersetzt. Dieser Trend wird weiter anhalten.

Alles in allem wurde versucht, nur noch das, was zum Beurteilen und Finden einer Route notwendig ist, in die Beschreibung aufzunehmen. Alles, was an Informationen zwar interessant ist, aber kritisch betrachtet den Führerumfang ausufern läßt, wurde weggelassen. Der Kaiserführer soll trotz der Aufnahme der vielen Sportkletterrouten noch halbwegs handlich bleiben. Die Beurteilung der Leserschaft wird zeigen, ob dieser Versuch als gelungen betrachtet werden kann.

München, Winter 1989/90 — Pit Schubert

Für Hinweise und Routenbeschreibungen sind die Autoren zu Dank verpflichtet:

Julian Amann, München
Bernd Arnold, Dresden
Peter Brandstätter, Kitzbühel
Johannes Fischer, München
Dr. Richard Goedeke, Braunschweig
Dietrich Hasse, Höhenkirchen bei München
Josef (Sami) Heinl, Schrobenhausen
Paul Koller, Kufstein
Hansjörg Hochfilzer, Gaudeamus-Hütte
Andreas Kubin, München
Helmut Mägdefrau, Oberhaching bei München
Bernhard Reinmiedl, München
Michael Tomaschek, München
Walter Wick, München